LES CHANSONS

DE

JEAN BRETEL

PUBLIÉES PAR

GASTON RAYNAUD

PARIS

H. CHAMPION, LIBRAIRE

15, QUAI MALAQUAIS

1880

LES CHANSONS

DE JEAN BRETEL

Extrait du t. XLI (1880), p. 195-214,
de la *Bibliothèque de l'École des chartes.*

Tiré à 60 exemplaires.

LES CHANSONS

DE

JEAN BRETEL

PUBLIÉES PAR

Gaston RAYNAUD

———⬦———

PARIS

H. CHAMPION, LIBRAIRE

15, QUAI MALAQUAIS

1880

LES

CHANSONS DE JEAN BRETEL.

La vie des poètes chansonniers du moyen âge est peu connue, et à l'exception d'un petit nombre d'entre eux, comme Tiébaut de Navarre, Raoul de Soissons, Henri de Brabant, qui sont avant tout des personnages historiques, on ne possède sur la plupart des trouvères d'autres renseignements biographiques que ceux qu'offrent leurs vers ou les œuvres de leurs contemporains. L'école d'Arras principalement, si fertile et si florissante dans la seconde moitié du xiiie siècle, mais dont les membres semblent s'être recrutés de préférence parmi les classes les plus humbles de la société, reste aujourd'hui presque ignorée, et c'est toujours une véritable bonne fortune de rencontrer, perdu dans un document d'archives, le nom d'un jongleur ou d'un bourgeois-poète de cette époque.

Jean Bretel, malgré la grande et légitime influence qu'il a exercée de son temps sur toute la pléiade d'Arras, malgré son talent très réel d'écrivain et sa fécondité vraiment exceptionnelle, malgré la fortune et la notoriété de sa famille, de vieille race artésienne, n'a pas échappé à la loi commune, et les biographes sont à peu près muets sur son compte. Claude Fauchet a connu les œuvres de Jean Bretel d'après deux manuscrits qui étaient en sa possession et qui sont actuellement au Vatican[1], dans le fonds provenant de la reine Christine de Suède; il a signalé les appellations de *Sire* et de *Prince du pui* données au trou-

---

1. Bibliothèque du Vatican, fonds Christine, mss. 1490 et 1522.

vère, et s'est contenté d'analyser un certain nombre de ses jeux-partis ou *partures* [1]. Du Verdier a reproduit cette notice [2], que Dinaux n'a fait que paraphraser [3]. En 1844, Adelbert Keller publia dans son *Romvart* [4], d'après les mss. du Vatican, deux pièces de Jean Bretel qui permirent à l'*Histoire littéraire* [5] de dire quelques mots de ce chansonnier.

Enfin, en 1859, parut un travail [6] dans lequel M. Louis Passy fit l'analyse d'un nouveau ms. de chansons qu'il venait de découvrir à Sienne. M. L. Passy donna à cette occasion quelques détails sur les trouvères artésiens du XIIIᵉ siècle, en s'aidant de la comparaison des différents mss. [7] (les deux mss. du Vatican, le ms. de Sienne et le fragment de La Haye [8]), qui contiennent une série à part [9] de chansons écrites pour ainsi dire sous la dictée de l'école artésienne : Jean Bretel [10] ne fut pas oublié dans cette notice. Sans nier en aucune façon la valeur de toutes les assertions qu'a suggérées à M. L. Passy la lecture des chansons de Jean Bretel et des jeux-partis par lui proposés et soutenus, il en est cependant quelques-unes qui me semblent discutables. Je crois donc utile, avant de publier les six chansons qui nous restent de ce poète, de parler un peu de sa vie.

M. L. Passy affirme sans le prouver que Jean Bretel n'était pas un clerc ; la chose est vraisemblable, et la liberté avec laquelle le poète parle souvent des gens d'église semble appuyer cette

1. *Œuvres* (1610), fol. 584 vᵒ à 586 rᵒ.
2. *Les bibliothèques françoises de La Croix du Maine* (1773), IV, 362-366.
3. *Trouvères artésiens* (1843), p. 283-286.
4. P. 284-285 et 388-390.
5. T. XXIII, 636-637.
6. Fragments d'histoire littéraire à propos d'un nouveau ms. de chansons françaises (*Bibl. de l'Éc. des ch.*, XX, 1-39, 305-354 et 465-502).
7. Pour être complet il faut ajouter à ces chansonniers le ms. 657 (anc. 139) de la bibliothèque communale d'Arras (voy. le *Catalogue* de Caron, p. 293-299) et les fragments signalés dernièrement au Lambeth Palace de Londres (voy. *Sixth Report of the royal Commission on historical Manuscripts*, London, 1877, part I, 522-523).
8. Voy. A. Jubinal, *Lettres à M. le comte de Salvandy sur quelques mss. de la bibliothèque royale de La Haye* (1846), p. 25 et 91-95.
9. Voy. J. Brakelmann, *Archiv für das Studium der neueren Sprachen*, XLII (1868), 59-63.
10. L. Passy, *loc. cit.*, p. 465-480.

opinion[1]. C'est ainsi que Bretel reproche parfois à Adan de la Hale, qui, lui au contraire, avait fait ses études de cléricature, de revenir sur un passé si éloigné des subtilités amoureuses des jeux-partis :

> Adan, tous tans parlés vous en clergois[2].

Aussi, un jour qu'il se sent pris tout à coup d'un beau zèle religieux, s'attire-t-il une spirituelle réplique d'Adan, qui trouve la conversion un peu bien prompte :

> Sire Jehan, puis ier soir
> Avés mout messe enchierie[3].

Jean Bretel du reste n'avait aucune prétention à la *clergie*, et c'est encore à Adan qu'il adresse ces vers d'une modestie certainement exagérée :

> ..... ne sai point de gramaire,
> Et vous estes bien letrés[4].

Mais si on admet que Jean Bretel ne fut pas clerc, est-ce une raison pour ne voir en lui qu'un bohême sans sou ni maille, digne compagnon des trouvères de son école, et faut-il, comme le veut M. L. Passy contrairement à l'*Histoire littéraire,* trouver la preuve de cette basse condition dans l'allure quelque peu débraillée du poëte et dans les familiarités de mauvais goût que se permettent à son égard ses confrères en poésie? J'inclinerais plutôt vers une autre hypothèse, car je note un certain nombre de faits qui forment autant de présomptions contraires et me portent à croire que le poète appartenait à une famille d'Arras riche et bien posée.

Tout d'abord le titre de *Sire*, attribué à Bretel et à quelques autres rares trouvères, tels qu'Audefroi et Robert du Chastel, ne me paraît pas, comme à M. L. Passy, constituer une prérogative spéciale au *Prince du pui :* ce peut bien être aussi une appellation honorifique adressée à un personnage d'*importance.*

---

1. Je parle plus loin d'un autre Jean Bretel que je suppose être le fils du trouvère; ce fait, s'il était vrai, confirmerait l'idée de **M. L. Passy.**

2. *Œuvres complètes du trouvère Adam de La Halle*, p. p. E. de Coussemaker (1872), p. 172.

3. *Œuvres d'Ad.*, p. 140.

4. *Œuvres d'Ad.*, p. 154.

Cette *importance* de Bretel se trouve justifiée par la mention faite de son nom dans les *Congés* de Jean Bodel :

> Bretel, kel gré que jou en aie [1].

Je n'examine pas ici s'il s'agit dans ce vers de Jean Bretel ou d'un membre de sa famille, c'est là une question sur laquelle je reviendrai plus loin ; pour le moment, je constate qu'au commencement du XIIIe siècle (en adoptant la date de 1205 pour les *Congés* [2]), le nom de Bretel est cité par Jean Bodel. Or Jean Bodel, dans ses *Congés,* n'a que faire de laisser un souvenir aux jongleurs de son temps, dont il n'attend rien [3]; c'est aux Piédargent, aux Loucart, à tous les gros bourgeois de sa ville natale qu'il fait des adieux larmoyants, les provoquant ainsi une dernière fois encore à quelque largesse. En mettant un Bretel en si *riche* compagnie, Jean Bodel délivre à toute la famille un brevet d'opulence. J'ajoute, et c'est là un de mes plus forts arguments, qu'on a la mention, à la fin du XIIe siècle, d'un Nicolas Bretel, mort avant 1170, et dont les enfants payent un cens assez élevé à l'abbaye de Saint-Vaast [4].

Les vers de Jean Bretel nous le montrent prenant la vie gaiement ; la bonne chère lui plaît tout particulièrement, et les comparaisons gastronomiques sont celles qui se présentent le plus volontiers à son esprit. C'est là le goût commun des jongleurs du moyen âge. Mais ce qui distingue Bretel de ses confrères, ce qui peut prouver qu'il était riche et réalisait ces festins que les autres voyaient en imagination, c'est d'abord qu'il tranche de l'amphitryon avec ses rivaux et les invite à sa table :

> Quant ma table sera mise,
> S'avoeuc moi mangier devez [5];

---

1. Méon, *Fabl. et Cont.*, I, 143; G. Raynaud, *Romania*, IX, 235.

2. J'ai développé, dans une étude sur les *Congés* de Bodel (*Romania*, IX, 219), les raisons qui me font admettre cette date, déjà proposée par M. P. Paris (*Hist. litt.*, XX, 610-611 et 795-796).

3. Bodel cite cependant un certain nombre de trouvères dans ses *Congés,* mais l'un est un grand seigneur, Hue de Saint-Omer, châtelain d'Arras, l'autre un riche bourgeois, Baude Fastoul; sur les deux derniers, Garin et maître Renaut de Biauvais, nous n'avons pas de renseignements.

4. *Cartulaire de l'abbaye de Saint-Waast d'Arras*, rédigé au XIIe siècle par Guimann et publié... par... Van Drival (1875), p. 220. — Ce cartulaire est limité entre les années 1170 et 1192.

5. Dans le jeu-parti commençant par ces mots : *Grieviler, feme avez prise*

c'est enfin qu'il dit positivement, ou plutôt se fait dire, dans un jeu-parti adressé à Adan de la Hale, qu'il préfère depuis long-temps son argent à l'amour :

> Car pour amour je sai certainement
> Ne guerpiriés a pieche vo argent [1].

Il me paraît donc plus que probable que Bretel était riche, puisqu'il est fait allusion à *son* argent, à *sa* fortune; cé devait être un riche *bourgeois*, et cette qualité n'est nullement con-tredite, à mon avis, par les libertés que les trouvères ses contemporains prennent avec lui, bien que *Prince du pui;* c'était chose reçue alors entre poètes, et les grands seigneurs n'étaient pas épargnés plus que les autres : il était de bonne guerre de se traiter de *teste fole* et de *mesdisant*. Aussi ne doit-on pas attacher plus d'importance aux épithètes malson-nantes dont Bretel est criblé par ses rivaux qu'à celles qu'il ne manque pas de leur jeter à la tête; et je m'étonne que M. L. Passy [2], remarquant que Bretel est dans les jeux-partis souvent accusé de *fausserie* et d'*engieng*, ait pu en conclure que le poète fût plus rusé et plus fourbe que les autres. Ces reproches s'appliquent en effet beaucoup moins au caractère de l'homme qu'aux fertiles ressources d'imagination et d'ingéniosité du poète. Chacun des trouvères est fier de proclamer son adversaire le plus rusé et le plus habile dans l'art de déduire un raisonnement amoureux : il n'aura que plus de mérite à le vaincre.

Voyons donc dans Bretel un fils de bourgeois d'Arras, menant vie joyeuse et facile, mêlé dès sa jeunesse à la troupe des jon-gleurs dont il fait ses amis, vivant au milieu d'eux en compagnie d'autres bourgeois comme lui (Lambert Ferri par exemple, qui fut maire de Saint-Léonard [3]) sur un pied de familiarité tout artis-tique, et nommé par eux aussi *Prince du pui d'Arras* [4], autant

(Lambeth Palace ; Vat. 1490, fol. 160 r° ; Vat. 1522, fol. 163 *b;* Sienne, fol. 48 v°).

1. *Œuvres d'Ad.*, p. 178.
2. *Loc. cit.*, p. 468.
3. L. Passy, *loc. cit.*, p. 338-344.
4. Ce titre de *Prince du pui* n'est pas donné à Jean Bretel dans tous les jeux-partis où il figure. Dans le ms. 1490 du Vatican, qui comprend au moins 61 jeux-partis proposés ou soutenus par Bretel, 13 seulement lui attribuent cette qualification. Je remarque de plus que ces jeux-partis semblent être réunis à

pour sa fortune que pour ses talents poétiques de chantre d'amour.

Les amours de Bretel sont du reste beaucoup plus théoriques que réels : le trouvère nous parle bien une fois d'une certaine Beatris[1] qu'il aime ; dans une autre chanson, il pleure une maîtresse[2] qu'il se résout à oublier ; autre part encore, il se donne avec une certaine fatuité juvénile comme un galant infatigable :

> Je sui li ars qui ne faut[3] ;

mais partout ailleurs il semble se complaire dans les développements platoniques et dialectiques des questions amoureuses bien plutôt que dans les aventures militantes. Les hypothèses relatives au mariage entre autres reviennent de préférence sous sa plume : on est forcé d'avouer qu'il les envisage avec le plus grand sang-froid et qu'il discute tranquillement les questions les plus délicates, celle entre autres de savoir si, quand on aime une femme, il vaut mieux qu'elle soit votre maîtresse et la femme d'un autre, ou votre femme et la maîtresse d'un autre[4]. Habile aux jeux d'esprit et passé maître en *préciosité* littéraire, Bretel fut de son temps le grand arbitre-expert des différends d'amour. Ses amis, ses adversaires ne manquent jamais l'occasion de le louer et de vanter sa science de poète :

> Prince del pui, mout bien savés trouver,
> Ce m'est avis, partures et chansons[5],

lui dit Jean de Grieviler ;

> Sire, vos avez grant cri[6],

répète Adan de la Hale. Un autre trouvère n'imagine rien de mieux, pour exalter la supériorité de Jean Bretel, que de le faire

---

part et sont contenus presque tous du fol. 167 au fol. 174. Ces pièces correspondent sans doute à une période déterminée de la vie de Jean Bretel.

1. Voy. plus loin, Chanson VI, vers 46.
2. Voy. plus loin, Chanson VIII.
3. Voy. plus loin le refrain de la Chanson III.
4. Dans le jeu-parti commençant par ces mots : *Lambert, se vous amiés bien loiaument* (Vat. 1490, fol. 153 r°).
5. Vat. 1522, fol. 164 c ; Sienne, fol. 42 r°.
6. *Œuvres d'Ad.*, p. 135.

intervenir d'une façon grotesque [1] dans un tournoi littéraire ridicule, où, plus heureux que tous ses rivaux, le poète finit par dérider Dieu lui-même venu sur terre, Dieu que tous ses confrères n'avaient pu qu'ennuyer jusque-là. Il est vrai que le rôle prêté à Bretel, qui « fait le paon » et « avale sa braie », n'est rien moins que poétique ; la faute en est, non pas à lui, mais à Courtois d'Arras, qui jugeait sans doute piquant d'attribuer une plaisanterie aussi grossière à un homme comme Bretel, dont la situation était considérable à Arras. Quelque basse que soit la bouffonnerie, elle n'en consacre pas moins la réputation de Bretel, estimé seul capable entre tous les jongleurs de réussir de la sorte.

Le samedi 1ᵉʳ octobre 1244, jour de la Saint-Remi, Jean Bretel se faisait recevoir confrère de la *Confrérie des jongleurs et bourgeois d'Arras* [2], quelques années après son ami Jean de Grieviler, reçu lui aussi à la Saint-Remi, le lundi 1ᵉʳ octobre 1240 [3]. La mention relative à Bretel est ainsi conçue : « pro bono bretel jehan » ; retenons cette appellation de *bon* que l'on ne rencontre pas dans les jeux-partis. Nous trouvons aussi comme membres de cette confrérie, à la date du dimanche 2 février 1271, jour de la Purification, une « feme bretel », et le dimanche 12 juin 1272, jour de la Pentecôte, un autre Jean Bretel [4] : ce sont probablement la bru et le fils du poète, car la différence entre les dates d'admission des deux Jean Bretel (1244 et 1272) ne comporte pas plus d'une génération.

Cette entrée du *bon* Jean Bretel dans la confrérie des jongleurs porte une date certaine : le 1ᵉʳ octobre 1244. Une autre date de la vie du poète nous est donnée par lui-même, quand dans

---

1. Voy. Bibl. nat., ms. fr. 12615 (anc. supp. fr. 184), fol. 197 rᵒ, dans la pièce bien connue : *Arras est escole de tous biens entendre.*

2. Bibl. nat., ms. fr. 8541 (anc. suppl. fr. 5441), fol. 19 c. Ce ms. est le registre des entrées de la confrérie des jongleurs et bourgeois d'Arras, depuis le jour de la Pentecôte 1194 jusqu'au commencement du xivᵉ siècle. Les admissions dans la confrérie avaient lieu trois fois l'an : à la Pentecôte, à la fête de saint Remi (1ᵉʳ octobre), à la Purification (2 février); la cérémonie consistait pour les futurs adhérents à boire en commun l'eau où l'on avait fait couler la cire d'un cierge consacré à Notre-Dame des Ardents d'Arras; chaque membre payait vi deniers (fol. 46 *b*).

3. Ibid., fol. 17 *e*.

4. Ibid., fol. 26 *e* et 27 *c*.

ses vers faisant allusion à la croisade prêchée contre Mainfroi,
roi de Naples, et à l'intervention en Pouille des chevaliers fran-
çais vers 1265, il s'exprime comme un contemporain :

> . . . . en Pouille, la ou Dieus
> Fait les bons estre envers Mainfroi faidieus[1].

Le rapprochement de ces deux dates (1244 et 1265) nous permet
de fixer la partie la plus marquante de la vie de Bretel vers
1250, époque qui correspond très bien à la présence d'Adan de
la Hale à Arras. A ce moment Bretel n'était sans doute plus un
jeune homme, car dans les jeux-partis il traite toujours Adan
comme un enfant :

> . . . . vous parlés d'amour trop jonement[2].

Si l'on suppose qu'il eût une cinquantaine d'années, sa naissance
est reportée au commencement du siècle, en 1200. Ce n'est donc
pas à lui que s'adresse Jean Bodel dans ses *Congés*, dont la
composition est de l'année 1205 ; ce n'est pas non plus à Nicolas
Bretel, qui était mort en 1170 ; c'est donc à un Bretel inter-
médiaire, sans doute au fils de Nicolas, père lui-même ou aïeul
de Jean.

Tels sont les faits peu nombreux, mais certains, qui se ratta-
chent à la vie de Jean Bretel. Je n'ai pas à m'appesantir sur son
œuvre : je publie plus loin les six chansons d'amour qui nous
restent de lui ; les jeux-partis, en très grand nombre, où il paraît
comme auteur ou interlocuteur, ont été analysés presque tous par
M. L. Passy, et je n'y reviens pas. Je dirai simplement à ce
propos, et c'est là une remarque des plus importantes pour l'étude
de l'ancienne littérature française, que, jusqu'ici, dans l'attri-
bution des jeux-partis à leurs auteurs, on n'a pas tenu compte
de l'ordre dans lequel se succèdent les strophes. Deux manuscrits
seulement, entre tous les chansonniers des XIIIe et XIVe siècles[3],

---

1. Dans le jeu-parti commençant par ces mots : *Lambert Ferri, une dame
est amée* (Vat. 1522, fol. 153 *b* ; Sienne, fol. 44 v°).

2. *Œuvres d'Ad.*, p. 176.

3. Ce sont les mss. 1591 fr. de la Bibl. nat. et 1522 Christ. du Vatican. Le
premier est généralement considéré comme très fautif au point de vue des attri-
butions ; dans le cas qui m'occupe, la méthode au moins suivie par ce ms. est
excellente.

indiquent d'une façon précise, d'une part le trouvère qui a composé un jeu-parti et de l'autre celui à qui est proposé ce jeu-parti : des rubriques ainsi conçues : *Jehans* A *Colart le Changeur, Bretiaus* A *Ferri*, ne laissent aucun doute à cet égard. J'ajoute que dans ces deux mss. l'auteur adresse toujours le premier la parole à son interlocuteur, dont le nom se trouve ainsi *en tête* de la pièce : la chose est toute naturelle, et l'inverse devrait seul étonner. Dans les autres mss. au contraire, les scribes ont ordinairement mis pêle-mêle, sous le nom d'un poète plus connu que les autres, les jeux-partis où ce poète intervient comme auteur ou comme interlocuteur. C'est ainsi que Coussemaker a attribué à Adan de la Hale la paternité de seize jeux-partis, alors que le trouvère n'en a en réalité écrit que *trois*, se contentant d'être pris comme adversaire dans les treize autres[1]; de même aussi pour Tiébaut de Navarre, à qui Tarbé accorde seize jeux-partis : sur ces seize pièces (en dehors de celles qui, pour d'autres raisons, doivent être absolument refusées au roi de Navarre), il en est au moins six dont Tiébaut n'est pas l'auteur. Je me contente de citer la pièce commençant par ces mots :

> Bons rois Tiebaus, sire, conseilliés moi.

Ce jeu-parti est attribué par toute une famille de mss. au roi de Navarre, mais il est facile de voir qu'il ne peut être de lui, car, malgré la bonne dose de vanité dont était doué le gros Tiébaut, il ne poussait cependant pas la puérilité jusqu'à s'appeler lui-même *bons rois*. L'auteur de la pièce est donc l'interlocuteur de Tiébaut ; c'est un certain *clerc,* Gadifer sans doute, de l'école d'Arras, car on trouve aussi le jeu-parti anonyme dans un des mss. du Vatican, qui ne contient, nous le savons, que des pièces

---

1. Pour le jeu-parti commençant par ces mots : *Avoir cuidai engané le markié*, le ms. Vat. 1522 (fol. 157 *d*) le donne positivement comme adressé par Bretel *à* Adan le boçu, tandis que les autres mss. le font anonyme ou le rangent sous le nom d'Adan de la Hale. — Il faut aussi enlever à Adan pour le donner à Bretel le second des deux jeux-partis que j'ai publiés dans la *Romania* (VI, 592). — Je ne veux pourtant pas dire qu'Adan n'ait pas fait œuvre d'auteur dans ces jeux-partis ; bien souvent un trouvère adresse à un autre un couplet, lui proposant une *parture ;* celui-ci répond, renvoie de nouveau sa strophe, et ainsi de suite ; la pièce se fait en commun. Dans ce cas, l'auteur est double : il faut donc, quand on veut indiquer les auteurs des jeux-partis, nommer soit les deux interlocuteurs, soit celui qui parle le premier, mais on ne peut jamais attribuer *uniquement* la pièce au trouvère qui ne fait que répondre.

artésiennes. Si l'on admet avec M. L. Passy[1] que l'école d'Arras a fleuri dans la seconde moitié du XIII° siècle, tandis que Tiébaut date du commencement, comment donc expliquer ce jeu-parti adressé au roi de Navarre par Gadifer? La chose est facile, si l'on suppose, ce qui est vrai, que peu de temps après sa mort (1253) Tiébaut était devenu un chansonnier *classique*, cité entre autres par Bretel :

> Li rois ou Navarre apent
> Le très grant sens desfendi[2],

et auquel on soumettait en imagination des jeux-partis qu'il ne pouvait plus connaître.

Les Chansons de Jean Bretel, conservées uniquement dans le ms. du Vatican Christ. 1490, étaient autrefois au nombre de huit : six restent aujourd'hui, survivant aux mutilations du ms. La table a gardé seulement les vers initiaux des deux premières; je les cite à leur ordre. On remarquera dans ces six chansons une grande facilité de composition, des idées vives, bien que l'expression soit parfois difficile à comprendre. Au point de vue rythmique, je note que le poète a donné partout aux strophes d'une même chanson les mêmes rimes.

De ces six chansons, la première (celle qui porte le n° III), une *rotruange* ou chanson à refrain, a seule déjà été publiée[3].

CHANSONS.

I.

(*A la table*, fol. LXXXIII.)

Li grans dosirs do deservir amie.......

1. *Loc. cit.*, p. 501.
2. Dans le jeu-parti commençant par ces mots : *Grieviler, vostre escient* (Arras, fol. 144 v°; Vat. 1490, fol. 144 v°; Vat. 1522, fol. 163 *a*; Sienne, fol. 41 v°).
3. Ad. Keller, *Romvart*, p. 284, et Mætzner, *Altfr. Lieder*, p. 40.

II.

(*A la table*, fol. LXXXIII.)

Je ne cant pas de grant joliveté.......

III.

(Fol. LXXXIV-75 *a.*)

Jamais nul jour de ma vie
D'amours ne me kier partir,
Car chele cui j'ai coisie
Ne fait gaires a haïr ;
5 Ains le doit on bien servir
A son talent
Sans penser vilainement.
Car ele le vaut,
S'ert toujours de moi servie :
10 *Je sui li ars qui ne faut.*

Gaie et bone et bien nourrie,
De faire tout vo plaisir
Ai volenté et envie ;
Je n'ai nul autre desir :
15 Si en puisse jou joïr
Prochainement !
Et se j'atent longuement,
Gaires ne me caut
De soufrir longue haschie :
20 *Je sui li ars qui ne faut.*

Cele a qui mon cuer otrie
A tous jours sans repentir,
J'avroie bien emploïe

3 qui. *Le scribe du ms. hésite entre la notation* qant *et* quant, qe *et* que, *etc.; j'imprime partout* qu, *de même aussi* gu.

Ma paine, se souvenir
25 Vous deignoit de moi kierir
      Tot plainement ;
A vous servir loiaument,
    De bas et de haut,
Sans blasme et sans vilounie,
30 *Je sui li ars qui ne faut.*

Bele, onques n'est amenrie
Ma paine, ne amenrir
Ne la vauroie jou mie,
Car ne doit d'amours joïr
35 Qui ne veut les maus soufrir
      Liement.
. . . .
    Se Dieus me consaut,
  J'en veul soufrir grant partie :
40 *Jou sui li ars qui ne faut.*

Dame, de vostre maisnie
Ne m'estuet pas devenir :
J'en sui, mais coi que jou die,
Se vous doutés le mentir,
45 Faites moi des maus sentir
      Plus asprement
Pour assaiier se jou ment ;
    Nul cruel assaut
Ne dout mais qu'il ne m'ochie :
50 *Je sui li ars qui ne faut.*

     Dame au cors gent,
Se ja talens ne vous enprent
   De moi faire baut,
Si ere jou en vo baillie :
55 *Je sui li ars qui ne faut.*

37 *Le vers manque*

IV.

(Fol. LXXXIV-75 *b*.)

Onques nul jour ne cantai
   Sans droite ocoison.
A la fois .I. espoir ai
   Qui a garison
5 Me promet faire venir :
   Lors cant liés, plain[s] de desir,
Et sans espoir a le fois
Cant angoisseus et destrois ;
Adès sui liés u dolans.
D'amours ainsi faic mes cans,
11 Cascuns selonc s'aventure.

J'aim et toutans amerai
   Ma dame et son non
Et sa merchi atendrai ;
   Et le trés haut don
16 Qui m'en porroit esquaïr,
Ja ne puist il avenir
S'il n'ost doservis anchois,
Car mieus vauroit uns otrois
A droit conquis c'uns plus grans
Guerredons .c. mile tans
22 Sans deserte et sans droiture.

Trés l'eure que g'esgardai
   La clere fachon
De ma dame, souhaidai
   Que par traïson
27 Ne peüst ja nus joïr
D'amours : bien doit on haïr
Traïtor[s], che n'est uns nois.
Amours est grans : est ce lois
Qu'en vous les soufrés manans?
Mais vous (so) estes si soufrans
33 Que ch'est quemune pasture.

8 Quant, destreit — 10 mais cant — 32 soufres

Dame, on connoist a l'asai,
   Et autrement non,
Chieus qui aiment de cuer vrai :
   Ja nes venra on
38 Pour grieté d'amours partir.
   Chil qui servent de traïr
S'en partent lues qu'a leur cois
N'ont amie : s'est bien drois
C'on fache a loiaus amans
Mieus qu'a losengiers truhans,
44 Qui n'amblent pas de nature.

   Si fin mescheant me sai,
   Dame, et sans raison,
Qu'il m'est vis que ja n'avrai
   De vous guerredon,
49 Tant vous sache bien servir ;
   Et si ne vous puis guerpir,
Mais, che fait ma bone foi[s],
Tant me samble grans esplois
D'estre en loiauté durans,
Que je veil user mon tans
55 En si douche nourreture.

V.

(Fol. LXXXIV-75 *d*.)

Uns dous regars en larrechin soutieus
De ma dame que j'ai en ramenbranche,
Qu'ele me fist de l'un de ses dous i[e]us,
4 Retient mon cuer en jolie esperanche
D'avoir merchi quant li venra en gré ;
Et s'amors m'a tant de bien destiné,
J'avrai ma joie ains que soit deservie,
8 Car deservir ne le porroie mie.

Se Dieus m'aït, douche dame gentieus,
Se j'avoie le roiaume de Franche

Et vous amasse aveuc chou .c. tans mieus
12 Que jou ne faic, n'aroie jou poissanche
De deservir la merci u je bé ;
Mais vous avés de vostre autorité
Forche et pooir de faire courtoisie
16 A vostre ami, se vo fins cuers l'otrie.

Cors avenans, a bien faire ententieus,
En qui jou ai ma sovraine fianche,
Je sui adès de vos servir taskieus,
20 Et com plus vif, plus ai grant habondance
De desirer vo bone volenté ;
Si voie jou vo cuer entalenté
De moi aidier, com jou vous ai servie
24 En bone foi, et servirai ma vie.

Bele cui j'aim, se jou sui volentieus
De mon preu faire, et j'eskieu vo grevanche,
Et je vous serf desirans et doutieus,
28 Et gart vo pais, ch'est bien senefianche
Que jou ne kier fors droite loiauté :
S'aferroit bien que par humilité
Me deignisiés conforter a le fie
32 Cheléement sans blasme et sans folie.

Dame de moi, se poins venoit et lieus
Que deignisiés a moi faire pitanche,
Si vous proi jou d'eskiever les perieus,
36 Vostres et miens et toute perchevanche :
Li bien d'amours doivent si estre emblé
Que nus nes sache, et quant il sont crié,
Dame en queut blasme et joie en a menrie,
40 Et fins amis i pert sa seignourie.

Sire Audefroi, quant dame fait bonté
A son ami, che doit estre en secré,
Qu'amours crié[e] est mout adamagie ;
44 Garder s'en doit et amis et amie.

31 alefre — 39 en quel

VI.

(Fol. LXXXV-76 *b*.)

Li miens canters ne puet plaire
A cheli pour qui je chant :
Si preng a li essamplaire
4   De canter, et tout mi cant
Sont fait pour li seulement :
    Autrement
Ne savroie je trouver
    Raison de canter,
9   Se ne me venoit de li.

Dame sage et debonaire
A tous, fors a moi dolant,
Se vous m'enseigniés a faire
13   Chou que vous seroit plaisant,
Je le feroie briément ;
    J'ai talent
De vos conmans achiever :
    Nus ne doit amer
18   S'il ne veut faire autresi.

Dame, jou ne puis atraire
Vo douc cuer mal acointant
A moi rendre le salaire
22   De chou que je vous aim tant
De fin cuer entierement :
    Cruelment
Le me set guerredouner,
    Quant pour bien ouvrer
27   Me rent mal, et jou l'otri.

Dame, en qui biautés esclaire,
Bien vous alés perchevant
Que pour mal ne pour contraire
31   Ne me vois onques faignant
De vous servir loiaument,

Et j'entent
Que chou me deüst sauver,
Mais j'en senc doubler
36   Mes crués maus sans merchi.

Dame, j'ai mis mon afaire
En vo main tout men vivant ;
Puis que jou n'en puis retraire
40   Men cuer, tout le remanant
Vous doins de coumenchement :
Faites ent
Vo plaisir, quar plus mesler
Ne m'en kier, dont cler
45   Voi qu'il estuet faire ensi.

A Beatris au cors gent
Ki s'entent,
Canchon, te va presenter :
Di li que canter
50   Te fache, car jou l'en pri.

VII.

(Fol. lxxxv-76 *d*.)

Mout liement me fait amours canter
En atendant merchi qui trop detrie,
K'ele me fait a la fois esperer,
4 Se jou serf bien cheli que j'ai coisie
De cuer loial sans faindre et sans cangier,
Ke g'ere amés, mais jou ne l'os cuidier,
Car jou sui tant mescheans, c'est tout cler,
8 Ke ja ne cuit avoir joie en ma vie.

Ne ja pour chou ne me kier escuser
D'amours servir ne d'estre en sa baillie ;
Autre vie ne saroie mener.
12 Je tieng a fol qui aillours estudie,
C'on ne porroit sen tans mieus emploier :

Li eüreus i prendent grant loier
Et les autres aprendre et doctriner :
16 S'ensi est bons, et mout i vaut folie.

Mout doit on bien si douc mestier anter,
U sage et fol claiment avouerie,
Car il set bien et puet guerredouner
20 Qui d'amours n'a fors pensée jolie :
Si en puet il mout bien se aaisier.
Li eüreus i prendent grant loier,
Et li caitif après lonc tans muser,
24 Quant amours veut, s'ont de ses biens partie.

A sifait saint fait dont bon aourer
U penitanche et paine est emploïe.
Dame, cui j'aim tant com on puet amer,
28 Puis que caitif ont des bien[s] a la flie,
Souviegne vous de moi asouagier,
Car je n'ai nul desir fors d'esaiier
Confaitement amours set visiter
32 Les mescheans qui sont de sa maisnie.

Mais n'ai par koi g'i poïsse assener,
S'amour[s] pour moi vo douc cuer n'amolie,
Tant que jou puisse en vous merchi trouver ;
36 Vo douc samblant demoustre et senefie
Que me doiiés en la fin otroiier ;
Et se tous jours me volés fausniier,
Jou ne sai cui les coupes demander,
40 Fors çou que j'ai mescheance a censie.

Au pui d'Arras, canchon, va tesmougnier
Que pour ma dame aim mieus amendiier
Tout mon vivant que joie recouvrer
44 D'autres toutes : si me soit el[e] amie!

27 qui — 28 caitis — 33 puisse — 38 tout jours — 39 qui

VIII.

(Fol. lxxxvi-77 *b*.)

Poissans amours a mon cuer espiié
Qui passé a lonc tans n'avoit amé,
Par chou que mors m'en avoit eslongié,
4 Ne mais n'avoie a amer enpensé :
  Se j'amai jour de ma vie
  Ma douche dame jolie,
Dont mors et Dius ont fait lor volenté,
8 Jou me cuidai avoir bien aquité.

Avoir cuidai a tous jours renonchié
A bien amer u j'ai tout conquesté,
Et tant j[e] ai le musage paiié
12 Que me deüst bien avoir deporté ;
  Mais amours qui tout maistrie
  M'a remis en l'aubourdie
Et fait amer de nouvel[e] amist(i)é
16 Saje et vaillant et passant de biauté.

Et puisqu' amours m'a sus ses mains sakié,
Dame vaillans, et a vous m'a douné,
Je tien(s) mon cuer a mout bien enploié
20 Se vous deigniés seulement prendre en gré
  Que de moi soiés servie,
  Et s'il ne vous plaisoit mie,
S'ert il ainsi, car j'ai mout bien usé
24 A [vous] servir, pieche [a], et enduré.

De chou que n'ai, lon tans a, coumenchié
Vous a amer, me tieng a engané :
De tant m'a trop amors despaisiié
28 Qu'a vous servir m'a si tart descouplé ;
  Nepourquant est a la f(e)ie
  Uevre bien tart coumenchie

9 tout jours

Mout pourfitans, car s'on a bien ouvré,
32 Ch'a fait li cuer[s], nient li lonc jour d'esté.

Dame, s'amours m'a trop tart acointié
Le bien de vous, le sens et le bonté ;
Je n'en puis mais, j'amasse le moitié
36 Mieus que plus tost m'i eüst assené
    Si c'un grant pan de ma vie
    Vous eüsseançois coisie,
Mais jou ne sai u vous avés esté
40 Entreus que j'ai mon tans pour nient gasté.

    Dame de valour [garnie],
    Courte orison bien furnie
Vaut assés mieus, che dient li sené,
44 Que s'on avoit bien longement limé.

Nogent-le-Rotrou, imprimerie Daupeley-Gouverneur.